À NU

Djenika Mars

À NU

Poésie

Éditions Milot

© Éditions Milot 2024 - Djenika Mars

ISBN : 9782386170782

Remerciements à :

Jean Busnel Germain
Michel Riquet Dorimain

À ces femmes qui m'inspirent :

Asaphe M. Jean Louis
Marie Danice Milien
Juliette Nicolas

« Une femme en harmonie avec son esprit est une rivière qui coule.
Elle va où elle veut sans prétention et arrive à destination préparée à être elle-même et seulement elle-même. » – **Maya Angelou**

PRÉFACE

« À Nu » est un recueil de poèmes vibrants, bouleversants et très touchants par leur authenticité et leur sincérité. L'autrice y décrit son expérience de femme incomprise, maltraitée, et nous communique ses émotions nûment, crûment, sans fard ni tabous ni déguisement, par un « Je » qui ne cherche pas à se dissimuler, mais s'assume pleinement. On sent que c'est une écriture thérapeutique, un cri poétique qui brise un silence pesant, un silence imposé injustement à cette jeune femme. Comme le disait si bien Marguerite Duras : « *Écrire, c'est hurler sans bruit* ».

Armée de sa belle plume courageuse, incisive et mordante, l'autrice défend ses idéaux, dénonce les iniquités et les violences subies par les femmes dans sa société et s'insurge contre une société phallocrate, misogyne et liberticide. Djenika Mars porte bien son nom, puisqu'elle part en guerre contre sa société qui l'opprime. La lecture de ce recueil a trouvé de l'écho dans mon être, vu que j'ai été élevée dans une société arabo-musulmane très conservatrice où la situation de la femme ressemble à celle de la société haïtienne telle que dépeinte dans ce recueil : « *Dans la noirceur de cet univers, Ne pouvant miauler ta peur, M'enfermant dans ta bulle capoise, Implorant mon sexe féminin De te mettre au monde Une énième fois Une toute dernière* ». En effet, dans ces sociétés, la femme est comme emprisonnée dans une bulle, étouffée, dénigrée, chassée, surveillée, haïe, voire parfois tuée, et réduite à un corps impur qu'on désire et dont on dispose comme on le souhaite et quand on le souhaite. L'autrice se rebelle et refuse de se soumettre, en affirmant par exemple : « *Je suis ce que tu désires, mais tout ce que tu n'auras pas* ». Même le Dieu de ces sociétés semble approuver leurs exactions à l'encontre des femmes : « *Cette vie m'a choisie Telle que je suis Une créature luttant Contre mon alter ego Contre fous et Dieu* ». Certes, « À Nu » est un monologue autobiographique, mais c'était aussi lors de ma lecture, un dialogue entre deux âmes sensibles qui abhorrent les injustices infligées aux femmes.

L'autrice invite la femme d'abord à s'aimer et à s'accepter telle quelle avec ses qualités et ses défauts, sans jamais se résigner à l'injustice : « *Se redéfinir Féminine Mais, pas soumise S'aimer soi-même Inébranlable Émancipée* ». Par ailleurs, elle s'adresse à toutes les femmes, les « Sisters » qui souffrent des mêmes maux, en quête d'un prompt réveil et d'une lueur d'espoir et leur dit : « Force ! », les encourageant à résister et à tenir bon dans leurs luttes contre le barbarisme et l'obscurantisme. L'autrice n'écrit pas seulement pour se libérer elle-même, mais pour celles qui suffoquent muettes, celles déjà éteintes, celles qui mènent le même combat sans même la connaître, voire celles qui ne sont pas encore nées : « *Je vis pour toi qui ne le sais pas. Pas encore. Pas du tout. Je vis pour te donner l'envie d'espérer* ».

Enfin, « À Nu » est comme un souffle de vent libérateur et une torche d'espérance.

Arwa BEN DHIA, *PhD*

Poétesse

Première Partie
Féminitude

Accouche, putain!

Je ne suis pas poétesse
J'engendre des mots
Au rythme de tes amères déconvenues
Je te pousse
À déverser tes lamentations incomprises
N'emmerde pas le monde
Ouvre ta gueule
Accouche!
Fais vibrer tes cordes vocales
Accouche, putain!

Je ne suis pas poétesse
J'entrebâille cette fenêtre
Sur ce tabou enrobant ton impudicité
Donnant un timbre percutant
À ta pureté, frangine
Sans embarras
Libère-toi
Accouche, je te dis!

Je ne suis pas poétesse
Je fraie un chemin
Pour toi
Ayant tout perdu
En levant le petit doigt
Pour être la seule référence

Tendant une main innocente
Aux plus poltronnes
Ne te retiens pas, sœurette
Accouche!

Je ne suis pas poétesse
Je lis à haute voix
Le chapitre de ton livre
Raconté à l'envers
Sans ponctuation
Ni intonation
Comme une lectrice
Assoiffée de renouveau
Sors de ta cachette
Accouche, je te répète!

Je ne suis pas poétesse
Je vis ton histoire
Qui restera incomprise
Tant qu'elle n'a pas été vécue
Par toi, martyr
De toutes ces injustices
Peintes abstraitement
Pour dissimuler ton mal être
Crépitant sous le feu de ces nuits interminables
Accouche, putain!

Requiem!

Requiem!
À celles qui ont échoué
Seules au bout du tunnel
Emportées par leur naïveté

Requiem!
Pour toi, maculée de sang
Corrompue par la honte
Le mépris de tes pairs

Requiem!
Aux âmes perdues
Dans des chemins épars
Aveuglées par des amours toxiques

Requiem!

Je suis

Je suis femme
Je suis épouse
Je suis moi
J'observe
Je ris
Je chiale
Je souffre
Je crie
Je me bats
Je gémis
Je suis en colère

Je veux
Je suis taciturne
Je suis muette
Je suis stérile
Je me cache
Je succombe
Je m'enfuis

Violée
Ombrageuse
Désaxée
Je pars
Je reviens

J'étouffe
Je me hais
Je me tais
Je sais
Je ne sais pas

Je suis déphasée
Je me voile la face
Je suis celle que tu idéalises
Silencieuse
Disgracieuse
Dominée
Bafouée
Déséquilibrée
Je suis ce que tu désires
Mais, tout ce que tu n'auras pas

Indécise

N'essaie pas de me comprendre
Je suis une horloge détraquée
Je vis pour subsister
Libérer mes pores
De cette main tendue
Venimeuse

Belle de nuit

Tu es celle qui éclot
Debout
Sous un soleil de plomb
Tu n'es pas prosaïque
Seule
Parfumée
Tu es la résilience
Grimpant vers la lumière
Éclatante

Au milieu du repiquage
Où le calme t'est coutumier
Tu n'es pas féminine
Tu es rebelle
Pétale après pétale
Tu déploies tes ailes
Épanouie

Inaccoutumé est ton éclat
Incomprise aux yeux d'autrui
Tu es vivace
Comme une belle de nuit
Fleur singulière
Tu es l'expérimentation inédite
Éblouissante

Ô mère !

Ô mère!
Tu m'as envoyé encaisser les douleurs
De cette vie de merde
Si j'aurais su que le chemin
Serait parfumé de pas croisés
Trébuchants
Je demanderai à Dieu de me préserver

Ô mère!
J'ai enfin compris les ficelles de mon existence
Que tu m'en dissuadais
La folie de mes vingt ans
La fougue de tout voir ou tout savoir
Ne laissant place aux interrogations

Ô mère!
Mes hommages
À genoux telles des prières d'un pèlerinage
Pardon d'avoir partagé ta douleur
Une souffrance éprouvante
Émanant de ton âme
Ma muse

Ô mère! As-tu esquivé ces émotions d'impuissance?
Rebondissantes faisant surface
Tel un ballon au premier arrêt de jeu

Existence

J'écris pour exister
Laisser parler mes peurs
Sans ancrages
J'écris pour donner vie à mes angoisses
Qui nourrissent mon être

Je parle
Pour faire taire les mensonges
Peints sur mon visage cicatrisé
Je fais entendre ma voix
Pour celles qui suffoquent
Taciturnes sous le feu des projecteurs

J'appelle
Dépressive
Poltronne
Pour mon homologue

J'existe
Pour celles, éteintes,
D'un départ prématuré
Sans espoir d'une reviviscence
Je vis pour toi qui ne le sais pas
Pas encore

Pas du tout
Je vis pour te donner l'envie d'espérer.

Le refuge

J'ai cherché en vain
Un refuge
Pour arbitrer mes craintes
Jongler avec les mots
Au nom d'une femme démystifiée

Questionnement

Je défendrais mes idéaux
Avec ma plume
Cette arme tranchante
Celle de la libération

Je m'opposerais à cette maxime
Que l'on chante au quotidien
Sur la soumission voilée
De la femme, objet

J'irais réveiller Simone de Beauvoir
Questionnant sa pensée
Exister, c'est oser se jeter dans le monde
Dit-elle!
Quel monde?

Corde vibratoire

Se redéfinir
Féminine
Mais, pas soumise
S'aimer soi-même
Inébranlable
Émancipée

À **toutes ces femmes**

À toutes ces femmes
En quête d'un prompt réveil
Nageant dans la douleur
Cherchant une simple artère
Une lueur d'espoir
Force !
De ces cicatrices ouvertes
Ces plaies puantes
Et de vos passés antérieurs troublés
Hantant vos esprits
Force !

Un cri de désespoir

J'ai les pommettes roses
Les cheveux lisses, tirés
Mon intérieur me ronge
J'ai le cœur endolori
Je meurs debout
D'un sourire béat

Mon propre corps m'est étranger
Je ne reconnais plus mes pas
Mes mots sont de glace frisquette
Les battements de mon cœur
Se tambourinent brutalement
Jusqu'au coup d'arrêt brutal
... en attendant

Je vis à petit feu
J'inocule la bonne humeur
Pour masquer le désespoir
Où tout simplement mes rires
Mêlés de larmes
Ruissèlent sur mes joues
Les balayant d'un revers de main
Parce que je suis tout simplement
Une épouse
Heureuse
Malheureuse

Cela n'a pas d'importance

Juste quelques mots

Un vers
Pour te dire
Que je respire
Je lutte
Bouillonnante
Trépidante
J'y crois

Incomprise

Je vagabonde
Les lits me connaissent,
M'admirent et me détestent
De mon impureté profonde,
Oserais-tu me reprocher?
Elle use
Incrustée sous ma peau
Tel un tatouage
Mal incorporé

Je m'écroule
Les cris m'enchantent
Me plaisent, m'excitent
Irais-je frôler la démence
Je jouis
De l'infidélité de mes coups de reins
Hardis
Rythmés

Créature de Dieu

Cette vie m'a choisie
Telle que je suis
Une création luttant
Contre mon alter ego
Contre fous et Dieu

Sister, Sister

Sister, Sister
Quelle serait ta voix ?
Où iras-tu demain ?
Nous moquerions-nous de nos déboires
Ou pleurerions-nous de joie
Nûment

Sister, Sister
Ressens-tu ces affres de désespoir
Cette peur viscérale
De décevoir ta propre destinée
Non prometteuse

Sister, sister
Tant de questions inappropriées
Sont sur mes lèvres
Elles deviennent acerbes
Douteuses
Sister, Sister

Mes yeux de femme

Derrière ces yeux de femme
Je galère au quotidien
Pour être celle que je suis
Cette âme solitaire
Qui a peur de vivre au grand jour

Derrière ces yeux de femme
Je maquille cette stupeur
Avec laquelle je m'émeus
En me réveillant le soir
Où tu m'es étranger

Derrière ces yeux de femme
J'oublie rarement
De plaire au moment opportun à moi-même
Cette fois encore

Derrière ces yeux de femme
Je me plie aux volontés
De cette société ironique
À ma sensibilité de femme

Le reflet de mon âme

Femme
Je te vois en moi
Tel un reflet
Tu es bonté
Pureté
Femme !
Ne te retiens pas
Émerveille
Vis de mystère
Femme !
Rends ton silence déchirant
Aime
Vis
Candidement

Dans la peau d'une femme

Dans la peau d'une femme
Je défends mes droits
Avec véhémence
Tout en sachant que mon souflle
Ne tient qu'à un fil
Cassant

Dans la peau d'une femme
Je laisse parler les évènements douloureux
Au cours d'un temps impromptu
Ayant pris place au soleil
Énigmatique

Dans la peau d'une femme
Je me réveille avec mes idéaux inchangés
Plus forts qu'avant la préhistoire
De mes ascendantes tombées
Pour ce combat perpétuel
Opiniâtre

Dans la peau d'une femme
Je reconnais cette candeur
Cachée pour éviter de lever le voile
Sur les atrocités du monde
Dépravé

Dans la peau d'une femme
Je me mets à nu
Sans complexité
Criant outrage aux portes fermées
À nos mères qui n'ont pas su parler
Ostensiblement

Déchirement

Cette douleur n'est pas si étrangère
À ta voix inaudible
Qui me rappelle ces jugements
Portant mon corps à se détester
Et mon coeur à ne plus palpiter
Toutes les pleines lunes
Où l'être devait se former
Ces mots prononcés brusquement
Deviennent des blasphèmes
Dictés par ton simple regard furtif
Ne laissant cours qu'au profond désarroi
Tous ces griefs n'ont laissé
Sur ma peau que des rides
Placées délibérément par ce fleuve
Débordant de ma peur irrépressible
Tes fantaisies me font fuir
De la vie jouissive
Qui m'émeut dès l'aurore
Comme une fin au goût âcre

**Deuxième partie
Blessures**

« Le *silence est fait de paroles que l'on n'a pas dites.»*
– **Marguerite Yourcenar**

Vie écorchée

Ma vie, comme une poésie non rythmée,
Telle qu'une longue prose
L'égale d'une histoire cachée,
N'est qu'un rappel de sens et de contresens
Puis, un vide absolu,
Dépulpé,
Une pause
Une parenthèse d'une phrase inachevée

Le vent a cessé de soupirer
Le temps s'est brusquement figé
Le chaos s'est aménagé
Alors que mon souffle mugit encore
Et encore…

Cette vie ne s'est pas annoncée
Une fichue aventure écorchée
Du berceau naïf à la puberté désenchantée
L'adulte émerveillé et détourné
La mer m'en veut de ne pas y entrer
Mes ancêtres ne me pardonnent pas d'être ici
Ici et là,
Par ici, par là
Éparse, fugace et puérile
Mon ombre me titille, me harcèle

Le bâillon du silence

Aucun son n'échappe
Ma voix ne sera pas entendue
Tes mains bâillonnent ma bouche
Si je crie, je creuse mon tombeau
Je n'ose plus regarder le plafond
Il sera la dernière image
De cette traversée de l'au-delà
Les secondes deviennent des heures
Tout est confus, par ici
La mort s'annonce déjà aux aurores

Plus d'ébats

Tu ne chanteras pas de messe
Solennelle et banale
Je ne connaîtrai pas l'amour

Tout part en éclats
Personne n'oserait pleurer ce départ soudain
Sauf si l'histoire se naissait à l'instant

Écrite par ces pensées refoulées
Tant de fois pour ne pas éveiller des âmes sensibles
aux chocs

Les cloches ont assommé

Le glas a trébuché
Je pars
Inutile de m'étrangler

Le retour est irréversible
Je ferais mon entrée sur le plateau des
femmes muettes
Réprimées, abusées
Ma conscience pourrait être luxuriante
Là-bas
Où toute vie s'arrête

Ténèbres enivrantes

Ténèbres enivrantes
L'obscurcissement de mon imagination

Part en vrille
La bouteille de rhum brille
Près de la table de chevet
Symbole de clarté et de pénitence
Assoiffée d'insatisfaction

L'ombre tatoue ma peau
Comme une folle trouvant refuge au bord des
routes
Questionnant son existence empoisonnée
Est-ce l'air ou l'eau

Qui rend son mal d'orgie

Ébauchant son reflet de visage effacé

L'aube ne se pointera point

Elle ne recevra pas d'accueil

Dans cette chambre lugubre
Où la noirceur des soirées m'enchantent

Elle me cueille
Elle m'interpelle

Sur le seuil d'un amour pervers.

La folie

La folie s'installe
Dès que tu passes le seuil
Mon ouïe résonne
Telle une course contre la montre
Je projette l'image de mes proches en deuil
En pleurs
Je dessine mes pas
À reculons
Lentement
Le temps se fige
Tout se confond

Le silence m'est cher

Le silence m'est cher
Il est lumière à ma souffrance
L'extase
En plein jour
Le mutisme est d'or
L'apothéose
Il ne s'éloigne pas de mon être
Il m'habite
Secouant mon antre
Continuellement

Je me noie

Submergée par le poids du silence
Je me noie dans les profondeurs du néant
Où se situe l'abîme?
Les flots tumultueux ont-ils
Réponse à une telle absurdité
Elle est réalité
Force
Jonction du courant, du stagnant
Guidé par le subconscient

Je ne vaincrai pas l'insomnie

Je vis des peurs
L'incertitude me guette
Mes mots ne résonnent point
Comme si mes cordes vocales ont été cassées
Par une tempête
L'insomnie m'accapare
La nuit m'épouse
Je suis seule
Face à ces orages
Qui font trembler la chambre
Je repense à demain
Ouvrirais-je la porte ?
Passerais-je le seuil ?
Où irais-je encore me blottir dans mes draps
souillés ?
Je vois ses doigts qui font le mouvement
De mes cuisses à mes seins
Je ne ressens pas l'amour, ni le plaisir
Je pue le dégoût
La honte
Sourde, les yeux clos
Mon esprit vagabonde
Je voyage à travers mes doux souvenirs passés
Il me pénètre
Je suis stoïque
Et, le jour se lève brutalement

Mais, le cauchemar est encore là
À mes côtés, une vie se réveille
Plus virile
Et, tout recommence

L'inconnu

Je fuis toute promesse
Que la vie serait dette
Je fuis la contrainte
Feindre l'idéal
Je fuis l'horizon guettant le jour
Je fuis mon ombre
Ce voyage astral
Je fuis cette introspection
La signification de l'être
Ma féminité !
Je fuis même le vent berçant mes joues
Je fuis l'inconnu
Hasardeux

Une étincelle

Je frôle l'allégresse
Défiant la folie
Je tends mes mains vers l'inconnu
Perdues dans des sphères
Car le silence perturbe
Mon esprit caustique
Éternellement
Je dessine une histoire
Révolue
Ô éphémère
Comme une étincelle

Tout ouïe

J'écoute
Par ce silence qui nous broie
D'un soir d'été
Tambour frappant
Ce galimatias inhalé par les tripes

Cette nuit macabre
Frappe à ma porte
Sournoisement
J'embrasse cet instant
D'une certitude absolue
Insidueusement

La fin est sereine
Inéluctable
Belle en plein jour
Morose de nuit
Interceptant ces nuits
Volées de morphée

La mort est une renaissance
Détestée du lexique
Pourquoi l'esquivez-vous ?
Elle hâtait le pas pour certains
Pour d'autres, tel un affranchissement
Un soupir heureux

Ce voyage
Qui est une si belle épopée

San tranble

San tranble
Mwen ta renmen chak moso kò m
Simaye nan plizyè kafou
Santi souf mwen kap bat
Nan yon bitasyon kote m pat fèt
Yon lakou ke m vle posede
Paske kote m soti a pa merite m
Lanmò met pote m ale
M prale
Map fè tè a tranble
Lanmò a bèl

Tankou yon lòt souf
Map reziye m frappe pye m atè
Pou m fè tout bèt nan bwa ak lanati
Konnen ke mwen la
Mwen egziste
M pa bezwen di anyen
Lè kè m tap bat
Pale pat enpòtan
Kounye a m travèse pòt la
Ou ka pa wèm
Men ou santi m
Mwen la
Lanmò a bèl

Yo toujou di mò pa konn pale
Petèt ke se vre
Men konnen mwen ka frape w
M ap nèk soufle sou ou
Palandye w san ou pa vire gade dèyè
Tan an fèmen
Li nwè kon lank
Se la mwen santi map respire
Kot lombray ap fè lago ak nanm ou
Lanmò a bèl

Chak mò pa gen menm pase
Sak te vin sou tè a pou yon rezon
Lòt menm ki pat la pou rete
Chak vigil ak segond
Te konte pou sila
Ki t ap mache kòt a kòt avèk yo
Li toujou pran w san w pa atann ou
Mouche lanmò sa
Depi lè a rive
Ou te mèt nenpòt koulè
Rich oubyen pòv
Ou te mèt ajenou devan bawon
Priyè tout sen ki genyen
Ak tout sa nou konnen
Priye yo san rete
Resevwa yo ak chante
Gras, ak chante pitye gras
Anyen pap chanje sou wout ratibwazèz sa a
Lanmò a ap rete bèl
San kanpe

Son ombre

Je connais cette ombre
Déambulant dans la maisonnette
Ne sachant quelle direction prendre
Elle passe et repasse au salon
Où j'y ai posé aucun cadre
Point de couleur vive
On y voit que des fissures
Sur les murs d'une teinte blafarde
Qui dessinent un miroir voilé
Les marches de l'escalier
Menant à l'étage
Sont baillantes mais
Elle y va d'un pas rassurant
Pour ne pas réveiller les autres
Qui ne dorment pas
Qui n'existent même pas
Mais qui regardent le mouvement
De son corps défilant
Telle une vie, errante
Arrivée sur le seuil de la chambre
Elle ne frappe pas
Ne bouge pas
Ne parle pas
Comme si elle savait
Que son moi l'attendait!

« *Tu m'as touché à la jonction de ma lumière et de mon ombre.* »
— **Kettly Mars**

Troisième Partie
Aventures

La rosée sur le seuil

J'ignorais et méconnaissais la rosée
Jusqu'aux jours où
Tu m'as fait suinter nue
Sous les pointes et gargouillades
De tes hâtifs et tendres mouvements
Tu as éclaté en gaillarde
Mes sensations
J'ai éjaculé abondamment
Aux sons d'angélus retentissants
Pour te revoir et me ramener la parole
À ces bruissements et les fougues
De me savoir mêlée à tes reins

Je ne savais pas, mais
Depuis que tu m'as fait suer
À nu baigner dans mes eaux
Et, mes découvertes et mes espérances
Me confondent gracieusement
Je suis folle de vivre
Pour me régaler de vos jouissances
À coups de doigts en force et en douceur
Dans la trompe

Je ne savais pas, mais
J'ai versé mon amour
Hors de mes passions du plaisir

J'ai compris mes élans
Provoqués et rattachés aux tiens
Au-devant aux tombeaux
Aux oreilles des défuntes et des défunts
Ancêtres, témoins de nos ébats
Extrusifs à cadence
Chez toi
Invoquer nos aïeules et aïeux
Invoquer hier pour t'entortiller
À mes muscles pour que
Personne n'y grimpe aisément

À toi de deviner

Je ne cherche pas à t'émouvoir
Je n'aime pas souvent
Je déteste hardiment

Mets-moi à nu

Déshabille-moi des yeux
Mets-moi à nu
Retrace mon anatomie
Par tes doigts pervers
Comme si tu étais mon créateur
Ils sont frivoles, infidèles
Sur ce,
Me donner souffle de vie,
Redessiner mes seins de sapotille
Les transformer en ou tòtòt mango
Ou en popote de papier

Ta poésie

J'aimerais épouser ta poésie
M'enivrer de ton antre
Goûter à ton eau de vie
Revivre cette passion ardente
Incommensurable
De ce feu qui nous consume

Complainte

Je laisse libre cours
À mes envies insatiables
Aux pulsions délibérées
Qui me font plonger
Dans ce doux trauma
Ma peau récite ce vers
Dans ta langue vernaculaire
Expressive au son de ta voix
Nourrissant ce plagiat écourté
Je me tais pour aspirer au désir
De ton souffle au creux de mon lobe
Affamé
Incitant mes entrejambes
À briser les chaînes des mes soupirs
Sanglotant à tes plaintes jouissives
Je te hais de m'aimer en silence
Dans la noirceur de cet univers
Ne pouvant miauler ta peur
M'enfermant dans ta bulle capoise
Implorant mon sexe féminin
De te mettre au monde
Une énième fois
Une toute dernière

La cité

Ma ville me hante
Cette cité de retraite
Où les morts parlent
Ils hurlent tôt sur les toits
Giclant leur malédiction
Sous une brume désenchantée

Ma ville me tue
Depuis les entrailles de ma mère
Telle une brute forcenée
Elle me scrute le visage
Forçant ma paix à se laisser abattre

Ma ville me hait
Comme si ma vie dérange au passage
Réclamant sans cesse une reconnaissance
Qui ne sera jamais égale à son désir
De m'étrangler

Ma ville me chasse
De son havre idyllique
Où mes rêves iront s'enfuir
Au recueil des oubliettes
Comme de vieilles chaussettes sales

Ma ville me surveille
De ses yeux glauques
Tel le porteur de cercueil de toutes les funérailles
Chantées à quatre heure pétante
Que l'on a peur de saluer

Ma ville me joue des tours
Elle m'enivre et me chante ses louanges
Derrière son masque de femme effrontée
Incontestée
Afin de l'idolâtrer sans compromis

Ma ville est cette ville!
Ville des poètes et des dieux
Ville de fous et de médisance
Maquillée de terreur
Ville des soumoun,
Ville des lang pandye
Ville mégère aux mille et une inconduites
Couverte de ridicule et d'insolence

Ma ville est cette ville!
Ville où les paroliers
Iront farder la vérité
Pour jouir des bonnes grâces
Allant des soutanes aux plus indigents
Ville des moeurs voilées
Aux dévots silencieux

Ma ville n'est plus cette beauté
Éclatante au petit matin
Qui fait palpiter nos coeurs

Ma ville n'est plus cette ode
Prometteuse à l'extase des vers chantés
Ma ville est tout simplement
Cette ville mystérieuse
Au passé glorieux
Dont on aspire à remémorer
Afin de faire de nos songes
Celle qu'elle était
Une ville plongeant dans sa nature luxuriante
Revigorant d'authenticité

Je t'aime

Quand la lumière s'éteint
Nos corps s'accordent en sueur
Je goûte à tes lèvres salées
Mêlant nos pures ardeurs
Où tu te délectes de ma fiévreuse embouchure
Entrouverte

Quand la lumière s'éteint
Mon pouls s'accélère
Ivre de tes caresses
Emportant ma vie
Dans des lieux interdits
Aux âmes pudiques

Quand la lumière s'éteint
Tes mains lutinent ma peau
D'une vitesse vertigineuse
Telle une feuille translucide
Je me déshabille sous tes yeux
Pusillanime
Je me sens captive de tes folles ambitions

Quand la lumière s'éteint
Je ne me rappelle plus de mon nom
Ni de mes envies
J'excelle à feindre l'extase

Qui rend ma peur excessive
D'entrer en communion avec tes demons

Quand la lumière s'éteint
Je me surprends à t'aimer
Sans oser prononcer ces deux mots
Qui écourteront notre histoire volée
Dans l'obscurité de cette chambrette
Dont on s'est immiscé à huis clos

Achevé d'imprimer en Avril 2024
Dépôt légal : Avril 2024

Pour

Éditions Milot
17, rue du Pressoir
95400 Villiers-Le-Bel